Baobab heißt der Affenbrotbaum, in dessen Schatten sich die Menschen Geschichten erzählen. Baobab heißt auch die Buchreihe, in der Bilderbücher, Kindergeschichten und Jugendromane aus Asien, Afrika, Lateinamerika und dem Nahen Osten in deutscher Übersetzung erscheinen. Herausgegeben wird sie von Baobab Books, der Fachstelle zur Förderung kultureller Vielfalt in der Kinder- und Jugendliteratur.

Informationen zu den Autorinnen dieses Buches, unserem Gesamtprogramm und unseren Projekten finden Sie unter www.baobabbooks.ch.

Als die Sonne ein Kind war

Copyright der deutschsprachigen Ausgabe
© 2012 Baobab Books, Basel, Switzerland

Alle Rechte vorbehalten

Illustration: Tamana Araki
Text: Ámbar Past, nach einer mündlichen Überlieferung von Maruch Mendes Peres
Übersetzung aus dem Spanischen: Jochen Weber
Lektorat: Sonja Matheson
Satz: Bernet & Schönenberger, Zürich
Druck: Druckerei Uhl, Radolfzell
ISBN 978-3-905804-43-0

Die spanischsprachige Originalausgabe erschien unter dem Titel »NeNe Sol«
im Verlag Taller Leñateros, San Cristóbal de las Casas, Mexiko.
Illustration © 2012 Tamana Araki
Text © 2012 Ámbar Past / Maruch Mendes Peres

Die Deutsche Bibliothek verzeichnet diese Publikation in der Deutschen National-
bibliografie, detaillierte bibliografische Daten sind im Internet abrufbar unter
http://dnd.d-nb.de.

Baobab Books dankt terre des hommes schweiz und der Erklärung von Bern
für die finanzielle Unterstützung.

Ámbar Past / Maruch Mendes Peres (Text)
Tamana Araki (Illustration)

Aus dem Spanischen von Jochen Weber

Als die Sonne ein Kind war

Nach einem Mythos der Maya

BAOBAB BOOKS

In der Dunkelheit des Urwalds lebt eine Mutter mit ihren drei Söhnen. Die beiden älteren Brüder sind Zwillinge. Sie pflanzen Mais an und sammeln Feuerholz im Wald. Ihre Arbeit ist sehr anstrengend.

NeNe, der jüngste der drei Brüder, ist wild und übermütig. Er spielt und zaubert gern. Aus Lehm formt er Kaninchen und haucht ihnen Leben ein, so dass sie vergnügt über den Hof springen.

NeNe kann auch ein Ei in einen Truthahn und einen Truthahn in ein Ei verwandeln. Er drückt Ameisen und Wespen so fest, dass ihre Taillen ganz schmal werden.

Die Zwillinge gehen immer gemeinsam zum Holzsammeln in den Wald. Unterwegs suchen sie Vogelnester und jagen Eichhörnchen und Mäuse.

Die Mutter spinnt Baumwolle mit einer Spindel,
um daraus Kleider für ihre Söhne zu weben. Nachdem
sie die Baumwolle gepflückt hat, zupft sie die Samen
aus den Fasern.
NeNe verwandelt die Samen in Bienen. Sie fliegen hoch
und bauen Waben in den Baumwipfeln.
»Das machst du großartig, NeNe!«, ruft die Mutter.
»Du bist ein richtiger Zauberer!«

Eines Tages gehen die Zwillinge wieder in den Wald.
Die Mutter bittet sie, NeNe mitzunehmen. Er ist
aber noch klein und liegt seinen Brüdern dauernd
in den Ohren.
Als er in der Krone eines riesigen Baumes eine Bienen-
wabe entdeckt, ruft er: »Die will ich haben!«
Die Zwillinge klettern auf den Baum und schlecken
lachend den süßen Honig. Sie müssen noch
lernen, wie man teilt.
»Der Honig gehört mir!«, ruft NeNe wütend. Doch seine
Brüder werfen ihm nur ein leeres Stück der Wabe
hinunter: »Mal sehen, was für eine Zauberei dir jetzt
einfällt, NeNe.«

Aus dem Bienenwachs knetet NeNe Figuren und haucht ihnen Leben ein. Es sind Taschenratten.
Sofort graben sie Gänge in die Erde und zernagen die Wurzeln des riesigen Baumes, bis er schwankt und krachend umfällt!

Mit seiner Zauberkraft verwandelt NeNe die Zwillinge in flinke Affen. Fröhlich schwingen sich die beiden von Baum zu Baum.

Seit diesem Tag leben sie zusammen mit Aras, Tukanen und Papageien glücklich im Wald. Sie ernähren sich von Honig, Mangos, Zapote und Guanábanas, ohne Bäume fällen oder Erde hacken zu müssen.

NeNe macht sich allein auf den Heimweg. Die leere
Wabe nimmt er mit, um sie seiner Mutter zu schenken.
»Wo sind deine Brüder?«, fragt sie.
NeNe weiß nicht, was er antworten soll. Wie bringt
er ihr bei, dass die Zwillinge im Wald geblieben sind?
Die Mutter weint. »Wer wird nun den Mais säen?
Was sollen wir essen?«
»Ich werde säen«, erwidert NeNe, der sich auf einmal
ganz groß fühlt. »Ich werde arbeiten.«

Um Platz für das Maisfeld zu schaffen, fällt NeNe
Bäume und reißt Schlingpflanzen aus.
Die Arbeit ist sehr mühsam, aber NeNe kann zaubern:
»Likan ak! Likan te!«, singt er. »Fort, ihr Ranken!
Fort, ihr Bäume!«
Während das Dickicht sich Stück für Stück lichtet,
geht er zum Spielen in den Wald und schreckt mit
seinem Blasrohr die Vögel auf.

Nach einer Weile wird NeNe müde und schläft ein.
Als die Mutter ihm mittags Maisfladen bringt,
sind wieder neue Ranken und Bäume aus der Erde
gesprossen.
»NeNe, du musst noch viel von deinen Brüdern lernen.
Wo die beiden nur sein mögen?«

Um Ausschau nach den Zwillingen zu halten, klettert
die Mutter auf einen Kapokbaum. Der Baum streckt
sich bis zum Himmel, und an seinen Ästen hängen
seidige weiße Fäden, die im Dämmerlicht schimmern.
In der Baumkrone bricht die Mutter einen Zweig ab,
macht eine Spindel daraus und spinnt die Kapokseide.
Dann baut sie aus trockenen Ästen einen Webstuhl,
den sie mit langen Fäden bespannt. Während sie ein
Hemd für NeNe webt, nascht sie vom Honig der Bienen.
Ihr großer weißer Webstuhl funkelt am Himmel.
Die Aussicht ist wunderschön. Die Mutter ist glücklich.

»NeNe … NeeeeeNeeeee, komm her!«, ruft sie.
Aber NeNe spielt im Wald und hört sie nicht.
Da setzt sich ein Glühwürmchen auf ihre Hand.
»Such NeNe!«, sagt sie. »Bring ihn bitte zu mir.«
Plötzlich kommt ein Kolibri geflogen und verschlingt
das Glühwürmchen.

Im selben Augenblick springt ein Leguan herbei und verschlingt den Kolibri. Ein Gürteltier verschlingt den Leguan und eine Schlange das Gürteltier. Und die Schlange? Sie wird von einem Habicht verschlungen.

Der Habicht fliegt zu NeNe. »Töte mich nicht!«, ruft er, als NeNe mit seiner Schleuder auf ihn zielt. »Ich bringe eine Nachricht von deiner Mutter.«
Da speit der Habicht die Schlange aus, die Schlange das Gürteltier, das Gürteltier den Leguan und der Leguan den Kolibri.

Als NeNe den Schnabel des Kolibris öffnet, entdeckt er unter der Zunge das Glühwürmchen. »Deine Mutter ruft dich«, sagt es. »Sie wartet im Kapokbaum. Komm mit!« Ein riesiger Schwarm Glühwürmchen fliegt auf und leuchtet NeNe den Weg.

Als NeNe den Baum erreicht, sieht er seine Mutter
hoch oben im Wipfel. Er klettert zu ihr hinauf,
und gemeinsam steigen die beiden weiter zum Himmel
hoch. Es ist wunderschön dort oben!
»Hier möchte ich bleiben«, sagt die Mutter.

Mit seiner Zauberkraft verwandelt NeNe die Mutter
in den Mond.
Die Glühwürmchen werden zu Sternen. »Und was
möchtest du werden?«, fragen sie NeNe.
»Ich möchte mit meinem gleißenden Feuer die Welt hell
machen, meine Zauberkraft mit anderen teilen und
allen Geschöpfen das Leben schenken. Ich möchte dafür
sorgen, dass es meinen Brüdern gut geht und dass
der Mais wächst. Ich möchte Hunger und Dunkelheit aus
der Welt schaffen und die Federn der Vögel in
schillernden Farben glänzen lassen. Ich möchte Wasser-
tropfen in Regenbogen verwandeln, Nordlichter und
perlmuttfarbene Wolken ans Firmament malen und
zwischen den Sternen umherfliegen. Ich möchte
Licht sein!«

Und da verwandelt sich NeNe in die Sonne.
Er wandert am Himmel entlang und schreibt alles,
was er sieht, in ein Buch.
MaMa Mond webt ein Wolkenhemd für ihren Sohn.
Abwechselnd sorgen Sonne und Mond für NeNes
Brüder, für die Jaguare, Wildschweine, Tukane und Aras,
die Orchideen und die Flammenbäume, den Kapok-
baum und den Kakaobaum und für alle anderen Tiere
und Pflanzen auf der Erde.
Nachts bringt der Mond die Grillen und Zikaden zum
Singen und den Uhu zum Rufen. Die Zwillinge grüßen
zum Himmel hinauf: »Mutter, hier im Wald geht
es uns gut!« Die Affen sind die Kinder des Mondes.
Die Sonne schenkt allen Geschöpfen das Leben.

Nachwort

Die Geschichte von NeNe, dem Sonnenkind, wurde von einer Angehörigen der Tzotzil erzählt und danach in der vorliegenden Form aufgeschrieben. Die Tzotzil gehören zum Volk der Maya und sind direkte Nachfahren der alten Maya. Sie leben im Süden von Mexiko, im Hochland des Bundesstaates Chiapas.
Die alten Maya bauten eindrucksvolle Pyramiden und Gebäude, verfügten über ausgezeichnete Kenntnisse in der Astronomie und entwickelten ein Kalendersystem. Zudem kannten sie die Zahl Null und stellten komplizierte Berechnungen an. Im Weiteren verfügten die Maya zur damaligen Zeit als einziges Volk Nord- und Südamerikas über eine vollständige Schrift. Heute leben die meisten Tzotzil-Maya aber in bitterer Armut und müssen für ihre Rechte kämpfen. Wenn sie nicht in die Städte abgewandert sind, bauen sie auf ihren bescheidenen Feldern Gemüse und Früchte an, und manche verkaufen Kunsthandwerk an Touristen. Sie konnten aber viele ihrer Traditionen bewahren und ihre Sprache erhalten. In Chamula und Zinacantán, den beiden größten Gemeinden nahe bei San Cristóbal de las Casas, ist Tzotzil für die meisten Menschen die Alltagssprache. Ihr reichhaltiger Schatz an Mythen ist bis heute ein bedeutender Teil ihres Lebens.

Der wichtigste Mythos der Maya berichtet über die Entstehung der Welt. Die Maya stellten sich die Erde als eine im Urmeer schwimmende Schildkröte vor. Götter setzten an einem mythischen Ort drei Steine: das Zentrum des Kosmos. Erst dann konnten der Himmel aus dem Urmeer gehoben, weitere Götter geboren und die Menschen geschaffen werden. Bis heute bilden die »drei ersten Steine« in jedem Haus der Maya den Herd und damit den Mittelpunkt des Hauses.

Verschiedene Mythen schildern auch die Entstehung der Sonne und des Mondes. Der bekannteste Schöpfungsmythos der Maya heißt Popol Wuj, das »Buch des Rates«, und stammt von den K'iche'-Maya. Er wurde um 1530 aufgezeichnet. Das Popol Wuj berichtet auch vom Kampf der Heldenzwillinge gegen die Herrscher der Unterwelt. Die Geschichte von NeNe ist wiederum für die Tzotzil-Maya von Chiapas typisch: Hier spielt häufig das jüngste Kind eine wichtige Rolle.

Übrigens: In der Geschichte wird von Taschenratten erzählt. Sie sind unseren Maulwürfen ähnlich, es gibt sie aber nur auf dem nordamerikanischen Kontinent. Sie haben große Krallen an den Vorderbeinen, einen kleinen Kopf und leben unter der Erde. Sie gehören nicht zur Familie der Ratten, sondern zu den Taschennagern. Ihre Backentaschen reichen bis zu den Schultern, darin transportieren sie die Nahrung: Pflanzen und insbesondere Wurzeln.
Die runden Früchte mit dem Namen Zapote schmecken süß, die stachligen Guanábanas hingegen erfrischend säuerlich. Und der Kapokbaum ist ein mächtiger Baum, der bis zu 75 Meter hoch werden kann. Bei den Maya galt er als heilig, weil er in ihrer Auffassung den Mittelpunkt der Welt verkörperte. Noch heute werden Kapokbäume mit großem Respekt behandelt und nicht gefällt, wenn ein Stück Urwald gerodet wird, um ein Maisfeld anzulegen. Bestimmt spielt er auch deshalb in der Geschichte von NeNe eine so wichtige Rolle.

Christiane Voegeli, Ethnologin
Zürich, im Juni 2012